Para Riel y Noah,
¡que brillan como Luz!
—Alba Castellvi

Las superideas de Luz Zanjaproblemas 2. Noche de estrellas,
de Alba Castellvi e Iru Expósito
Primera edición: febrero de 2024

© Del texto: Alba Castellvi, 2024
© De las ilustraciones: Iru Expósito, 2024
© De la traducción: Isabel Rosell, 2024

© De esta edición:
Inuk Books
Calle del Perú, 186
08020 - Barcelona
www.inukbooks.com

Directora editorial: Alicia Soria
Editora: M. Roser Macià
Arte y diseño: Cloé Porqueres
Producción: Mònica N. Irún

Corrección: Estela Gómez
ISBN: 978-84-19968-10-4
Depósito legal: B 2372-2024
THEMA: YBD

LAS SUPER IDEAS DE
LUZ ZANJAPROBLEMAS

NOCHE
de
ESTRELLAS

Texto de **ALBA CASTELLVI**
Ilustraciones de **IRU EXPÓSITO**
Traducido del catalán por **ISABEL ROSELL**

inuk

Los personajes

Luz

Hola, ¡soy Luz! Tengo buenas ideas para resolver problemas, ya pasen en casa, en la escuela o en la calle. También me gusta mucho llevar una flor en el pelo, aunque detesto peinarme. ¡Ah, y me pongo los calcetines del revés porque creo que así quedan más bonitos!

Alba y Clara

Alba y Clara van a mi clase y me caen muy bien, y ahora que las tres nos quedamos a comer en el comedor me caen incluso mejor. A Clara pocas veces les daban a probar cosas nuevas de pequeña y todavía le cuesta comer platos distintos, y a Alba no le gusta mucho el ruido y se agobia con facilidad.

Sofía y Martín

Sofía es la hermana mayor de Martín. Le gusta estudiar ciencias y dice que de mayor tendrá una moto enorme para ir por el mundo. Martín es el portero de un equipo de fútbol. Lo que más le gusta de ir a la escuela es hacer amigos, y, en cambio, no le gusta estudiar porque aun no ha descubierto lo que le interesa de verdad.

Paula

La maestra que tengo este curso hace muchísimos años que es maestra. Siempre nos lee libros de aventuras en voz alta. Sabe muchas cosas interesantes y las explica con una voz muy agradable. Lleva un reloj que refleja en las paredes la luz que entra por la ventana, como si fuera magia.

1

Paula

Una historia sobre una maestra que se vuelve gruñona. ¿Cómo conseguirá Luz que ella y sus compañeros recuperen las ganas de ir al cole?

Durante ese curso, Luz tenía a Paula de maestra, que era fantástica: era alegre, paciente y enseñaba cosas muy interesantes. Todos los alumnos la valoraban mucho. Pero, con el tiempo, se volvió gruñona. Se ponía nerviosa y decía cosas como:

¿EN CASA DESORDENÁIS TANTO COMO AQUÍ? ¡NADA ESTÁ EN SU SITIO, TENGO QUE ORDENARLO TODO! ¡ESTA CLASE PARECE UNA LEONERA!

(Se ve que los leones no son muy ordenados).

Y:

HELIOS, LO TIENES TODO DESPARRAMADO, ¿ES QUE NO TE DAS CUENTA?

Y:

LUZ, SI YA HAS TERMINADO TU TAREA, ECHA UNA MANO A ROBERTO, QUE NO HA HECHO NADA, ¡PORQUE ESTÁ MIRANDO POR LA VENTANA! ¡YO NO TENGO TIEMPO DE AYUDAR A TODO EL MUNDO!

Y:

¡EN ESTE COLEGIO HAY QUE HACER MILAGROS CON CUATRO DUROS!

Y:

TENGO QUE HACERLO YO TODO, ¡SOLO ME FALTA PONEROS EL DESAYUNO EN LA BOCA!

Y un día incluso dijo:

AHORA TENDREMOS
QUE IR DE EXCURSIÓN.
¡OTRA TAREA MÁS!
¡COMO SI NO COSTARA
NADA ORGANIZARLO!
¿Y TODO ESTO QUIÉN
LO VALORA? ¡NADIE!

Los niños y niñas de la clase estaban cada vez menos contentos de ir al colegio, con una maestra tan desagradable. Sin embargo, a pesar de todo, seguían queriendo a Paula porque les enseñaba cosas increíblemente interesantes y les leía en voz alta libros con historias apasionantes.

Luz no dejaba de pensar en qué le sucedía a la maestra. ¿De dónde surgía ese cambio? Por más que pensaba en ello, no lo entendía. Hasta que un día, en clase, Paula hizo la siguiente confesión mientras esperaba a que los niños recogieran:

YO YA NO TENGO EDAD PARA CIERTAS COSAS. VOSOTROS TENÉIS CADA DÍA MÁS ENERGÍA Y YO TENGO MENOS. ME HAGO MAYOR Y SERÍA MEJOR QUE ME RETIRARA...

Esto hizo que Luz se acordara de la abuela Reme-dios, porque también era mayor. Llevaba días sin ver-la, así que decidió que pasaría a visitarla al salir del colegio.

Llamó y rellamó al timbre, pero la abuela no estaba. Luz pensó que habría ido a clase de cerámica, o al coro, y se fue a casa, evitando pasar por delante de la casa del profesor de Matemáticas (si últimamente Paula se había convertido en una gruñona, ¡este lo había sido toda la vida!).

Cuando llegó, se sorprendió al ver la puerta entreabierta y el bolso de su madre en el suelo, en medio del recibidor. De repente, su madre apareció diciendo que tenían que irse corriendo al hospital porque la abuela Remedios se había caído y se la habían llevado en ambulancia. Luz notó una sensación extraña en el pecho que no se le pasó hasta que llegaron al hospital y pudo ver a la abuela en la habitación, sonriéndole. La agarró de la mano y le dio un beso. La abuela dijo:

ME HE CAÍDO INTENTANDO ALCANZAR LOS MOLDES PARA HACER GALLETAS. SOY DEMASIADO MAYOR PARA CIERTAS COSAS. YA NO TENGO TANTO EQUILIBRIO NI FLEXIBILIDAD COMO AÑOS ATRÁS.

Luz le dio un fuerte abrazo y después le explicó que Paula también decía que era demasiado mayor y no tenía mucha energía.

POBRE MUJER, DEBE ESTAR HASTA LA CORONILLA DE VOSOTROS.

¿QUÉ SIGNIFICA «HASTA LA CORONILLA»?

LO QUE QUIERO DECIR, LUZ, ES QUE DEBE ACABAR CANSADÍSIMA, SEGURO QUE LE DAIS MUCHO TRABAJO.

Después de decir eso, la abuela se durmió.

Luz pensó en las palabras de su abuela. Se preguntó qué trabajo le daban a Paula y pensó que, además de explicarles cosas y leerles historias en voz alta, Paula tenía que hacer muchas otras tareas:

Los organizaba cuando tenían que entrar y salir, trabajar en grupo y repartir los cargos.

Pasaba lista.

Les preparaba tareas para aprender mejor lo que les había explicado.

Se reunía con otros maestros para organizar excursiones y actividades.

Ponía a punto el material necesario para hacer cualquier cosa.

Los ayudaba a trabajar.

Corregía sus tareas.

Se reunía con los padres.

Mantenía el aula ordenada.

Les hacía compañía en el recreo y los ayudaba a resolver conflictos.

Luz pensó que, mirándolo bien, todo eso era bastante trabajo y que era normal que Paula estuviera hasta la coronilla, como decía la abuela.

Estuvieron unos días con la abuela en el hospital. Luz iba cada tarde a visitarla excepto los miércoles, porque tenía patinaje. Al salir del colegio, pasaba por delante de la churrería de Paco Majo. El hombre le daba dos churros a Luz: uno para ella y uno para la abuela. En el hospital, se los comían y hablaban de sus cosas.

Un día, la abuela le preguntó:

Para cenar, Luz comió un bocadillo de la cafetería del hospital mientras la abuela se comía una crema de verduras y un yogur que habían preparado para ella. A Luz le gustaba ver cómo las enfermeras cuidaban a la abuela Remedios, controlando los tubitos con líquidos coloridos y las pantallas con gráficos y números. Como sabían que la abuela entendía mucho de medicina natural, todas le preguntaban por sus remedios caseros y se los apuntaban en pequeñas libretas.

Ya tarde por la noche, sus padres pasaron por el hospital a recoger a Luz.

QUE QUIZÁS HABRÁ NOVEDADES EN EL COLEGIO. ES POSIBLE QUE PAULA SE RETIRE PORQUE ESTÁ CANSADA. ESTABA PREVISTO QUE TERMINARA EL CURSO CON VOSOTROS, PERO SEGURAMENTE SE JUBILARÁ ANTES Y TENDRÉIS A OTRA PERSONA.

¿A QUIÉN?

Luz se llevó un susto tan fuerte que casi se desmaya. Rápidamente, la abuela apretó el timbre para llamar a la enfermera, que vino como un cohete.

La abuela dijo:

¡RÁPIDO, TRAEDLE A ESTA NIÑA UNA INFUSIÓN DE REGALIZ!

Con el regaliz, Luz se recuperó y volvió a casa con sus padres, pero aún seguía inquieta. Esa noche, su padre encendió una vela en la mesilla de noche y le leyó un fragmento de *El zoo de Pitus*. En esta novela, que su padre leía cuando era pequeño, un grupo de niños de un barrio se organizan para hacer un zoo y así ganar dinero para poder dar las curas necesarias a Pitus, un amigo muy enfermo.

Luz se durmió y tuvo una pesadilla: soñaba que, en lugar de historias fantásticas, el profesor de Matemáticas les leía enunciados de problemas. ¿Y si eso pasaba en clase, sin Paula? Por suerte, su padre le había preparado un chocolate a la taza para desayunar, lo que le dio fuerzas para decirse a sí misma:

HE AQUÍ UN PROBLEMA. Y UN PROBLEMA, AUNQUE PUEDA INCORDIAR, ES UNA OPORTUNIDAD PARA PENSAR.

De camino a la escuela, pasó por delante de una adelfa, cogió una flor y se la puso en el pelo. Entonces, usando la cabeza a toda velocidad, tuvo una IDEA.

Le dio vueltas toda la mañana. El profesor de Matemáticas la riñó porque no hacía los deberes, Paula la riñó porque no le respondía las preguntas, pero ella estaba tan ensimismada pensando en la idea que se le había ocurrido que no podía concentrarse en nada más.

En el recreo, reunió a todos los compañeros de clase. Les explicó lo que le habían dicho sus padres:

Algunos ya lo sabían:

—¡Sí, se ve que a partir de ahora vamos a tener al profesor de Matemáticas!

Todos estaban tan tristes y preocupados como Luz, porque, aunque Paula se hubiera vuelto gruñona, nunca había dejado de explicar cosas interesantes ni de leer en voz alta libros con historias apasionantes.

—Ya, pero no hay nada que hacer —dijo Rita—. Es decisión de Paula, quedarse o marcharse...

Entonces Luz dijo:

—Paula ha tomado esa decisión porque necesita mucha energía para hacer tooooodo el trabajo que le damos nosotros. Y, como ya es mayor, su energía no es la de antes. Si no necesitara tanta, seguramente querría seguir siendo nuestra maestra.

Los amigos de Luz se quedaron en silencio. Todos pensaban en la cantidad de trabajo que tenía que hacer Paula y que le suponía un gasto de energía: organizarlo todo, preparar un montón de cosas, mantener la clase en orden...

Helios miró a Luz y vio que se estaba tocando la flor de adelfa del pelo. Sabía que estaba tramando algo. Como era tan listo, dijo:

¿HAY ALGO QUE PODAMOS HACER NOSOTROS PARA QUE PAULA NO TENGA TANTO TRABAJO?

—¡He estado pensando en ello! —exclamó Luz—. ¿Qué os parece si nos organizamos para hacer lo que más le canse?

—¿Como por ejemplo ordenar? —dijo Roberto.

—¡Exacto! —respondió Luz.

—¡O hacernos callar! —dijo Olma.

—O ayudar a un compañero cuando tú ya has terminado...

—¡O no tener las cosas desparramadas!

—Todo esto podríamos hacerlo nosotros mismos —dijo Luz—. Pero, además, podríamos hacer otras cosas. Por ejemplo, ¿qué os parece si uno de nosotros se encarga de pasar lista? ¿Y si otro hace las fotocopias? ¿Y si un equipo de dos o tres prepara el material de las manualidades junto con Paula? Todo esto es fácil y le ahorraríamos mucho trabajo, ¿verdad?

—¡Muchísimo! Además, podríamos formar un equipo de dos que, antes de irse al mediodía, barra el suelo.

—Y un equipo de tres que cuide los libros de la biblioteca de la clase.

—Si hiciéramos todo esto, Paula no estaría tan cansada, ¡y tan solo tendría que ocuparse de explicarnos cosas!

Se les iluminó la cara a todos.

Pero Clara dijo:

—Todavía tendría que ocuparse de hablar con las familias...

Y Alba añadió:

—Y de reunirse con las otras maestras...

Y los demás dijeron:

—Y de preparar nuestros trabajos...

—Y de corregirlos...

Salieron tantas cosas que aún tendría que hacer Paula, que sus caras iluminadas se volvieron a apagar. Seguro que a Paula no le quedaría la energía suficiente para hacerlas todas.

Luz dijo:

YO CREO QUE DEBEMOS PROBARLO. TENEMOS QUE PROPONÉRSELO Y A VER QUÉ LE PARECE. QUIZÁS NOS DIRÁ QUE NO, PERO AL MENOS LO HABREMOS INTENTADO.

Lo pusieron por escrito:

Paula, queremos que seas nuestra maestra. Sabemos que gastas mucha energía con nosotros y por eso queremos ayudarte. Haremos todo lo que podamos para que no tengas que hacerlo tú. Nos encargaremos de ordenar, fotocopiar, repartir, ayudar, pasar lista, barrer, preparar el material, pedir silencio y cuidar la biblioteca. Si necesitas que te ayudemos más, solo tienes que decirlo.¡Pero queremos que sigas explicándonos cosas interesantes y leyéndonos historias apasionantes! Por favor, ¿te puedes quedar hasta fin de curso?

Firmado: Toda la clase.

Dejaron la carta sobre la mesa de Paula justo antes de irse a casa por la tarde.

A la mañana siguiente, cuando entraron, Paula no estaba. En su lugar estaba Terencio.

Estaban todos tristes, callados y cabizbajos. El profesor de Matemáticas dijo:

PAULA HA LEÍDO VUESTRA CARTA. SE HA EMOCIONADO TANTO QUE HA TENIDO QUE IR A LAVARSE LA CARA. AHORA VIENE, Y ME HA DICHO QUE SERÁ VUESTRA MAESTRA EL RESTO DEL CURSO.

Y, cuando Paula volvió, les dijo:

ME HABÉIS DADO UNA ALEGRÍA TAN GRANDE ¡QUE HE RECUPERADO LA ENERGÍA QUE ME FALTABA! ESTOY SEGURA DE QUE ENTRE TODOS LO CONSEGUIREMOS. EMPEZAREMOS LEYENDO UNA NUEVA HISTORIA APASIONANTE...

Y el libro se abrió de nuevo.

2

El calendario

¿Conoces a hermanos que discutan constantemente? Eso es lo que les pasa a Sofía y Martín, ¡y su padre ya no puede más! Pero ¿cuál es la solución de este problema?

Cuando Luz iba de camino al colegio, le gustaba detenerse en la churrería Paco Majo. Tenía un mostrador que daba a la plaza de los Olmos y don Paco siempre estaba atento tras el tablero. Tenía unos churros más que ricos, sobre todo cuando estaban calientes, recién hechos y bien espolvoreados con azúcar. Luz nunca llevaba dinero para comprar churros y solo los podía probar cuando, el día de su cumpleaños, la abuela la recogía en el colegio y le compraba un cucurucho lleno o cuando tenía tiempo para dar un poco de conversación a don Paco. Entonces, a menudo, la charla terminaba así:

Y le ponía un churro rebozado de azúcar en la mano.

Un miércoles por la tarde, Luz se acercó a Paco Majo tratando de ver qué cara ponía el churrero desde cierta distancia y valorar si era un buen día para charlar con él y conseguir unos cuantos churros.

Todavía le faltaban unos pasos para llegar ante el mostrador, cuando Luz oyó que el hombre refunfuñaba:

Luz se sorprendió. Primero, porque el hombre estaba hablando solo, algo bastante raro, ya que la gente, normalmente, no lo hace. Y, segundo, porque tenía la vista clavada en un punto de la plaza y quedaba muy claro que la situación que estaba observando lo ponía de muy mal humor.

—Mira, maja —le dijo a Luz cuando la vio acercándose—. Ya están otra vez igual. ¡Cada día la misma historia! ¿Los conoces, a esos dos?

Luz miró hacia donde estaba señalando don Paco y vio a «esos dos» a los que se refería. Eran Sofía y Martín. Por supuesto que los conocía, ¡esos hermanos iban al mismo colegio que ella! Sofía estaba un curso por encima de Luz y Martín, un curso por debajo. En aquel momento, se estaban tirando los platos a la cabeza, que significa que se estaban discutiendo fuertemente, hasta el punto que se podía oír la mar de bien lo que decían:

¡SIEMPRE IGUAL, CREES QUE PORQUE ERES MAYOR TIENES QUE DECIDIRLO TODO!

¡MENTIRA! ¡COMO ERES EL PEQUEÑO, PARECE QUE SIEMPRE SE TIENE QUE HACER LO QUE QUIERES TÚ!

Su padre zanjó la discusión gritando:

—¡Basta ya, no sé ni por qué os pregunto qué preferís! ¡Vamos al supermercado, y punto pelota!

A continuación, ambos pusieron caras largas, y siguieron a su padre sin dejar de protestar:

Luz miró a don Paco, que le explicó que muchas tardes era testigo de la misma discusión. El padre de Sofía y Martín les preguntaba si querían irse a casa o quedarse un rato en la plaza, y siempre pasaba lo mismo: cuando uno quería una cosa, el otro quería la otra. Como no se ponían de acuerdo, su padre acababa decidiendo... ¡lo que ninguno de los dos quería!

¡QUÉ MAL NEGOCIO! AQUÍ NADIE GANA. HE AQUÍ UN PROBLEMA. Y UN PROBLEMA, AUNQUE PUEDA INCORDIAR, ES UNA OPORTUNIDAD PARA PENSAR.

El padre, que se llamaba Augusto, Sofía y Martín entraron en el supermercado. Augusto, un poco agobiado porque era tarde y no había decidido qué preparar para cenar, preguntó:

—¿Qué hacemos esta noche?

—¡Tortillas! —gritó Sofía.

—¡Pollo! —dijo Martín.

Otra vez con lo mismo. El padre resopló, compró unas sardinas y, enfadado, se llevó a los niños a casa.

Cuando llegó la hora de sentarse en la mesa, todos estaban con mala cara. Sofía no soportaba el olor de las sardinas y a Martín le parecía insufrible tener que quitarles las espinas.

¡Y los problemas aún no habían terminado! Antes de irse a dormir, la cosa fue así:

—¿Os leo un cuento de *Una cesta de cerezas* o un capítulo de la novela que ya tenemos empezada?

—¡Un cuento! —exclamó Martín.

—¡Un capítulo! —respondió Sofía.

Y el padre, agotado, dijo:

—¿Sabéis qué? Si queréis lectura, leed por vuestra cuenta.

El día terminó, pues, como el rosario de la aurora (o sea, mal). Tanto Sofía como Martín pensaban que el otro ponía las cosas muy difíciles y que, si no estuviera, todo, absolutamente todo, sería mejor.

Entretanto, Augusto estaba sentado en su butaca, rendido. Se preguntaba si los padres de las demás casas también tenían que soportar que sus hijos discutieran cada vez que se debía decidir algo, si en todos lados era tan difícil lograr que los niños se pusieran de acuerdo. También pensaba si existía alguna manera de tomarse unas vacaciones de padre. Por ejemplo, llevando a sus hijos a un campamento durante el verano, o en un internado de esos hasta la época de vacaciones... Cavilando, se durmió en la butaca y soñó...

Soñó que una luz sobrevolaba su casa, soltando unos centelleos amarillos y azules, y que Martín y Sofía se levantaban de buen humor y estaban de acuerdo en todo. ¡Pero pasó justo lo contrario! Justo después de levantarse, lo primero que oyó Augusto fue:

Otra vez lo mismo... ¡El día arrancaba fuerte!

A la hora de preparar los bocadillos para el recreo, Augusto le dijo a Martín que le tocaba a él.

—¡Qué va! —dijo Martín—. Yo los hago los miércoles y los viernes, hoy es jueves y le toca a ella.

—No me toca a mí —dijo Sofía—. Ayer no los hizo nadie porque compramos cruasanes en la panadería. Y yo los preparé el martes, así que, como lo más justo es que los preparemos un día cada uno, hoy te toca a ti.

—El martes tú no hiciste los bocadillos, ¡papá los dejó preparados la noche anterior!

El pobre Augusto no recordaba qué había sucedido exactamente, no sabía quién tenía razón, pero sí sabía que quería declararse en huelga. Un padre en huelga puede implicar una situación muy delicada: no va a recoger a sus hijos al colegio, no prepara la cena, no acompaña a nadie a ningún sitio, no limpia la casa... ¡Vamos, un caos en el que es mejor que no te encuentres!

Como no se pusieron de acuerdo con la cuestión de los bocadillos y Augusto no los preparó, a la hora del recreo pasaron mucha hambre.

Augusto trabajaba desde casa y, a media mañana, como era su costumbre, bajó a tomarse un café y, para charlar un poco con alguien, se acercó a Paco Majo para comprar unos cuantos churros.

BUENOS DÍAS, PACO.

¿QUÉ HAY, MAJO?

VAMOS TIRANDO, DESPUÉS DE UN DÍA VIENE OTRO.

NO PARECES MUY ANIMADO. ¿SUCEDE ALGO?

A VECES ME DA LA SENSACIÓN DE QUE TENDRÍA QUE APUNTARME A UN COLEGIO DE PADRES, PACO.

TIENES UNOS CHAVALES MUY MAJOS, ¡PERO YA SE SABE QUE DAN TRABAJO! POR CIERTO, ME LLEGÓ UNA COSA PARA TI.

Desde detrás del mostrador, Paco le tendió un sobre dorado con unas letras mayúsculas que decían «LA SOLUCIÓN ES PONERLE COLOR». El sobre no tenía remitente, era un misterio. Augusto, muy intrigado, fue a sentarse en un banco de la plaza y lo abrió.

El sobre contenía un calendario y una carta breve.
Decía lo siguiente:

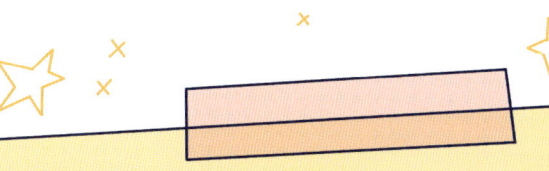

*«La mejor manera de decidir las cosas
cuando dos hermanos no quieren ponerse
de acuerdo es dejar claro a quién le toca
decidir o hacer algo ese día. Para que quede
claro, cada hermano debe escoger
un color y pintar los días del calendario
de colores alternados. Cada uno escogerá
o hará las cosas el día de su color.*

*Así, no será necesario recordar quién fue
el último en escoger o en hacer una tarea,
sino que tan solo hará falta mirar
el calendario para ver a quién le toca
ese día, según el color».*

Augusto se quedó pasmado. Cerró los ojos, echó la cabeza hacia atrás para que el sol le diera de lleno en la cara y se imaginó cómo funcionarían las cosas en casa si utilizaban ese calendario coloreado. ¡Quizás Martín y Sofía ya no tendrían motivos para discutir! Si el día era del color de Sofía, ella escogería si se iban a casa o se quedaban en la plaza, y podría ayudar a su padre a tomar decisiones como, por ejemplo, qué preparar para cenar si estaba falto de ideas. Y si el día era del color de Martín, podría decidir él y ser el primero en utilizar el baño, por ejemplo... Augusto sonrió pensando que aquella idea arrojaba un poco de luz sobre su problema y que quizás ya no le haría falta declararse en huelga.

Por la tarde, justo cuando salían del colegio, habló a Sofía y a Martín del calendario. En lugar de preguntarles si les parecía bien (¡no fuera a ser que tuvieran ganas de decir cosas distintas!), les preguntó cuál era su color favorito.

—¡El amarillo! —dijo Sofía.

—¡El azul!

Estuvieron de acuerdo en irse enseguida a casa, movidos por la idea de colorear el calendario. Pronto tuvieron los días pintados. El calendario había quedado muy resultón y lo colgaron en la pared del comedor.

Al día siguiente, mientras Paco le tendía desde detrás del mostrador un par de churros azucarados a Luz, oyó que Sofía, en la plaza, decía:

MARTÍN, ES DÍA AZUL. ESCOGES TÚ.

¡PUES NOS QUEDAMOS EN LA PLAZA! ¡Y TE INVITO A CHURROS!

Luz le guiñó el ojo a don Paco, y ambos sonrieron.

3
Crema de calabaza

Luz tiene que quedarse a comer en el colegio
y no le apetece nada. Quizá dándole vueltas
encontrará la manera de resolver el problema.

Luz hizo una mueca de disgusto y dijo:

¿EN EL COLEGIO? ¿POR QUÉ?

PORQUE PAPÁ Y YO TENEMOS COSAS QUE HACER DURANTE EL MEDIODÍA Y DEBEMOS APROVECHAR ESE RATO PARA TRABAJAR.

¡PERO YO NO QUIERO QUEDARME TODOS LOS DÍAS EN EL COLEGIO! QUIERO VEROS Y QUIERO TENER UN RATO PARA DESCANSAR DESPUÉS.

ME SABE MAL, LUZ...
PERO A PARTIR DE AHORA
TENDRÁ QUE SER ASÍ. ADEMÁS,
A TI TE ENCANTA LA COMIDA DEL
COMEDOR, ¿VERDAD QUE SÍ?

SÍ, ESTÁ RICA,
PERO PREFIERO VENIR A
CASA Y, DESPUÉS DE COMER,
LEER TRANQUILAMENTE EN
MI HABITACIÓN...

¡Descubre más aventuras
de Luz Zanjaproblemas!

No había nada que hacer. Mamá le dijo que ya lo había acordado con papá y que, tanto si le apetecía como no, se tendría que aguantar.

Luz salió de casa de mal humor. Sin pensarlo, giró a la derecha. Miraba al suelo y se sentía enfurecida, era como si dentro de la cabeza tuviera un humo denso y negro. De repente, olió a tabaco, levantó la vista y vio al profesor de Matemáticas fumando en la esquina de delante de su casa. Giró a la izquierda para cambiar de camino.

Entonces, se encontró a Helios, que salía de su casa silbando. Ella estaba tan ofuscada que no le dio ni los buenos días.

—¿Qué te pasa, Luz, que tienes esa cara tan oscura?

—Me obligan a quedarme a comer en el colegio todos los días.

—¿Por qué?

Luz le explicó que sus padres tenían demasiado trabajo.

—¿Y no puedes ir a comer a casa de tu abuela?

—No, la abuela Remedios no come en casa, come con sus amigos de la Asociación de Vecinos.

Helios trató de animarla:

YO ME QUEDO EN EL COMEDOR TODOS LOS DÍAS Y ME ENCANTA. DESPUÉS DE COMER, JUGAMOS A BUSCAR BICHOS. ¡PODRÁS JUGAR CON NOSOTROS!

A Luz no le hacían ninguna gracia los bichos, así que puso aún más mala cara.

Cuando llegaron a clase, le tocaba a Fátima pasar lista para saber quién se quedaría a comer ese día. Cantó los nombres:

La mañana pasó deprisa porque estuvieron mirando por el microscopio varias muestras del armario de los tesoros. Y entonces llegó la hora de comer...

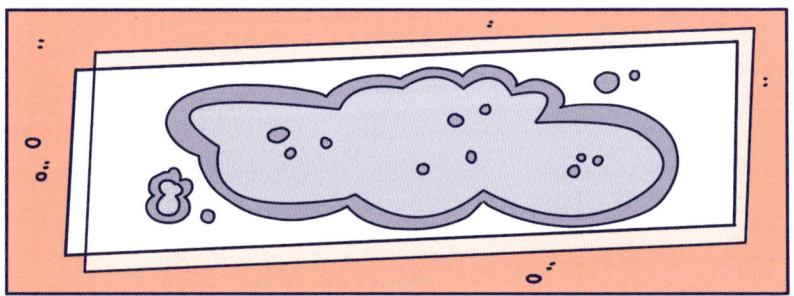

Resignada, Luz se puso a la cola para lavarse las manos. Había gritos y empujones. Ella tan solo pensaba en lo tranquila que estaría en casa.

Pero entonces vio que para comer había sopa, ensalada de lechuga y tortilla de patatas, y sonrió. ¡Todo tenía muy buena pinta! Encontró un sitio en la mesa de Helios, junto a Clara, y empezó a comer. ¡Estaba todo riquísimo! Pero, a su lado, Clara no probaba bocado.

—¿Qué te pasa? —le preguntó Luz—. ¿No te gusta?

—En absoluto.

—Entonces, ¿qué te gusta?

—Poca cosa. Por eso mis padres quieren que me quede en el comedor todos los días menos uno. Y por eso siempre termino la última mientras todo el mundo sale al recreo... Es horrible.

Tal como había augurado Clara, cuando todo el mundo había terminado, ella todavía estaba sentada en la mesa con medio plato de sopa delante.

—Ya te queda menos. Si haces el truco de tragar con la nariz tapada, terminarás antes. Cuando acabes, te estaré esperando fuera.

Salió al recreo y observó a su alrededor.

Todo el mundo jugaba en grupillos, menos una niña que estaba sola, sentada en el suelo a los pies de una morera, con la cabeza apoyada sobre los brazos. Parecía que no se encontraba bien. Luz se acercó y vio quién era.

90

AH...
¿POR ESO HAS
DICHO ANTES
QUE TENÍAS QUE
QUEDARTE A COMER
«POR DESGRACIA»?

SÍ, MIS PADRES
SOLO PUEDEN VENIR
A BUSCARME LOS
MIÉRCOLES PORQUE
LOS DEMÁS DÍAS
ESTÁN EN EL TRABAJO.

Luz, pensando en la situación de Alba, que tenía dolor de cabeza, y en el problema de Clara, que todavía estaba delante del plato de sopa y lo pasaba fatal cuando se quedaba sola sin poderse terminar la comida, y en el de ella misma, que tenía ganas de poder estar tranquilamente en casa, pensó:

Ella y Alba entraron de nuevo en el comedor e hicieron compañía a Clara hablando de sus comidas favoritas. Alba dijo que le encantaban los canelones y Luz explicó que lo que más le gustaba eran los huevos pasados por agua que ella misma se preparaba. Y les explicó la receta, que es muy fácil:

PONED UN HUEVO EN UN CAZO Y CUBRIDLO CON AGUA.

CALENTADLA.

CUANDO YA ESTÉ HIRVIENDO, DEJADLA DURANTE TRES MINUTOS EXACTOS.

APAGAD EL FUEGO. PONED EL HUEVO UN MOMENTO BAJO UN CHORRO DE AGUA FRÍA.

Cuando Clara por fin terminó, salieron las tres al patio. Clara, agradecida porque le habían hecho compañía, cogió una clavellina para cada una. Luz se la puso en el pelo, enganchada con una pinza. Y entonces su cabeza empezó a dar vueltas a una idea...

Pero pronto llegó la hora de entrar en clase, así que tuvo que concentrarse en las Matemáticas y no pudo pensar en nada más.

Por la tarde, al salir del colegio, fue a casa de la abuela Remedios. Se la encontró contemplando una caja llena de calabazas.

—¡Vaya calabazas más grandes, abuela! ¿De dónde las sacas?

—Me las trae un chico de su huerto para que prepare crema para las comidas de la Asociación. Mi crema de calabaza tiene mucho éxito, ¿sabes? Yo soy del equipo de Cocina y me encargo de las cremas.

—¿Y quién más está en tu equipo?

—Enrique y Antonia, que preparan los guisos; Elvira, que se encarga de los postres... Uy, y muchos más. La gracia de que seamos mucha gente es que nos repartimos las tareas entre todos. Pero qué carita me traes, tú... ¿Quieres una infusión de poleo?

—¿Puede ser con cinco cucharaditas de miel?

—Sí, pero no se lo digas a nadie...

Luz se tomó el poleo, le dio un beso a su abuela y se fue a casa con una idea dándole vueltas en la cabeza...

Sin que nadie tuviera que mandárselo, puso la mesa. Esto hizo que papá y mamá se sentaran a cenar de buen humor. Y entonces Luz aprovechó para decir:

Sus padres se miraron y...

Por la noche, su mamá le leyó el primer capítulo de una nueva novela a la luz de una vela encendida en la mesilla de noche. Y cuando terminó y la sopló, a oscuras, Luz siguió tejiendo su plan...

Al día siguiente, en el comedor del colegio, Alba, Clara y Luz se sentaron juntas para comer.

—He tenido una idea. Clara, ¿verdad que dijiste que tus padres te obligan a quedarte a comer en el colegio todos los días menos uno?

—Sí, voy a casa los martes.

—Alba, ¿verdad que los miércoles comes en casa?

—Sí, es mi día favorito, ¡porque en casa no me viene el dolor de cabeza!

Las dos amigas no podían creérselo. Estaban contentísimas, hasta que empezaron a verle problemas:

—Pero... mis padres dirán que tener a tres niñas en casa a la hora de comer es más trabajo que tener solo a una... —dijo Clara.

—Y a los míos no les gusta demasiado tener invitados —dijo Alba.

Sin embargo, Luz ya había pensado en cómo resolver los problemas:

NOSOTRAS NOS OCUPAREMOS DE TODO LO QUE PODAMOS.

PONDREMOS LA MESA, LA QUITAREMOS Y LAVAREMOS LOS PLATOS.

Se lo propusieron a sus padres después de clase, y ellos, contentos de ver cómo sus hijas se habían puesto de acuerdo, aceptaron hacerlo así.

Más tarde, Luz se lo explicó a la abuela Remedios. La abuela la miró con cara de estar satisfecha de tener una nieta tan capaz de resolver problemas. Y dijo:

—¡Iremos a comprar un cucurucho de churros a Paco Majo para celebrar este buen plan! Y, además, te hago una propuesta: como yo siempre voy a comer a la Asociación y también me gustaría variar al menos un día a la semana, si queréis los jueves podéis venir a mi casa. Pero si venís, yo no os haré la comida: os daré las instrucciones y os vigilaré mientras la preparáis vosotras mismas. De este modo, aprenderéis a cocinar.

A Luz, Clara y Alba, y a los padres de las tres, les pareció fantástico.

Y al día siguiente, que era jueves, cocinaron en casa de la abuela Remedios... ¡crema de calabaza!

4
Noche de estrellas

A veces, nuestros sentimientos cambian cuando sucede algo importante. Esta historia trata justamente de esto...

—¡Viva! —gritaba Luz en el coche, emocionada, con Helios al lado. Ambos estaban entusiasmados porque iban a tener una «noche de estrellas». Con los padres de Luz, se habían apuntado a una salida en grupo para observar las estrellas y conocer algunas constelaciones.

¿ESTÁIS CONTENTOS? ¡YA CASI HEMOS LLEGADO!

—¡Vamos allá! —respondió Helios.

Aparcaron y fueron al punto en el que habían quedado con el resto del grupo, donde el guía y su perro los estaban esperando. Al verlo, Helios se escondió detrás de la madre de Luz. ¡Los perros le daban mucho miedo!

Se hicieron las presentaciones:

El resto de gente dijo su nombre y el lugar de donde venía. Había gente de toda la zona.

—Y esta es Ventisca. ¡Me acompaña a todos lados!

A modo de saludo, Ventisca soltó:

Al oír el ladrido, Helios se estremeció y se acurrucó aún más tras las piernas de la madre de Luz.

A continuación, encendieron las linternas y emprendieron el camino hacia el lado más oscuro del área. José iba delante de todos, junto con Ventisca, y el grupo los seguía. Helios y Luz andaban cerca de sus padres, animados e intrigados. Miraban al cielo y, aunque era noche cerrada, no veían la luna por ningún lado.

Su madre les explicó qué sucedía:

HOY TENEMOS LUNA NUEVA, POR LO QUE NO SE VERÁ EN TODA LA NOCHE. ESTO HARÁ QUE EL CIELO ESTÉ MÁS OSCURO Y PODAMOS VER MÁS ESTRELLAS.

Bajo el oscurísimo y negrísimo cielo, continuaron andando un ratito. Era una noche fresquita. Luz llevaba pantalones cortos, manga corta y sandalias, ya que cuando habían salido de casa hacía mucho calor, pero ahora tenía un poco de frío. Por suerte, aligerando el paso entró en calor. Finalmente, llegaron a una explanada. José dijo que se detendrían ahí porque no había árboles que taparan el cielo.

El grupo se situó alrededor del guía. Él repartió un mapa muy particular a cada uno: un mapa del cielo. Luz lo enfocó con la linterna y vio dibujos de constelaciones, es decir, los dibujos que la gente de la antigüedad se imaginó que formaban los grupos de estrellas. Vio que había dos osas: la mayor y la menor; un águila, un león, un pez, una cabra, una balanza, un cangrejo... y muchas otras cosas.

Estaba tan concentrada en el mapa que no se dio cuenta de que, cerca de ella, Helios tenía un problema: ¡Ventisca lo estaba olfateando!

El pobre estaba agarrado a una pierna de la madre, tan aterrorizado que no movía ni un dedo. Pensaba que la perra iba a comérselo de un bocado en cualquier momento. Cuando finalmente Luz lo vio, le dijo:

NO PASA NADA, HELIOS. ¡SOLO QUIERE CONOCERTE!

Pero Helios no parecía muy convencido.

Luz estaba muy pendiente e interesada por lo que explicaba José:

Luz pensó que la cifra «miles de millones» casi no le cabía dentro de la cabeza. Ella sabía que hay ocho miles de millones de humanos, pero no sabía que el número de estrellas que hay en nuestra galaxia, la Vía Láctea, era incluso mayor.

—Hay tantas estrellas que, si nos las repartiéramos entre todos los humanos, ¡saldrían a 20 por cabeza! —dijo José—. Y lo más fuerte es que el universo está lleno de galaxias como la nuestra. También hay miles de millones; tantas, que a cada humano le tocarían 25 galaxias con sus miles de millones de estrellas.

—Es fascinante —dijo el padre de Luz, que a menudo decía en voz alta lo que pensaba. ¡Luz estaba de acuerdo con él!

Dado que la mejor manera de observar las estrellas era acostándose en el suelo, tendieron unas colchonetas y se tumbaron boca arriba. Ventisca se puso al lado de José y Helios pudo soltar la pierna de la madre y quedarse tranquilo. Colocó su esterilla al lado de Luz.

Helios estaba muy enfadado. Ventisca se había convertido en su problema.

Estando tendidos mirando al cielo, Luz se dio cuenta de algo y se lo preguntó a José:

—¿Por qué algunas estrellas titilan y otras no?

—Las que no titilan no son estrellas, sino planetas —dijo José—. Por cierto, los planetas viajan a toda velocidad por el espacio. Por ejemplo, la Tierra alrededor del Sol: ¿sabéis cuánto tarda a dar una vuelta completa?

—Un año —respondió Helios—. A mí no me parece que eso sea ir muy deprisa...

Y entonces José explicó algo que dejó a todo el mundo boquiabierto:

—Tarda un año, pero tiene que dar una vuelta muy grande y por lo tanto debe apresurarse. Haciendo cálculos, nos daremos cuenta de que la Tierra viaja a 100.000 kilómetros por hora.

Todo el mundo exclamó al unísono:

Luz pensó que un coche a cien kilómetros por hora viajaba mil veces más lentamente que la Tierra alrededor del Sol.

Estando ahí tumbada, Luz cogió frío en los pies, porque no llevaba calcetines bajo las sandalias. Helios fue muy amable y le dejó sus calcetines, puesto que él no los necesitaba porque llevaba unas buenas botas de montaña. Con los calcetines puestos y sin pasar frío, Luz pudo seguir escuchando atentamente lo que decía el guía:

NO SIEMPRE SE VEN LAS MISMAS ESTRELLAS. A LO LARGO DE LA NOCHE, NUEVAS ESTRELLAS APARECEN POR EL ESTE Y OTRAS SE ESCONDEN POR EL OESTE...

Pero, de pronto...:

Helios gritaba porque Ventisca estaba oliéndolo de nuevo. Se levantó bruscamente, recogió su colchoneta y se apartó bastante del grupo, a ver si ahí la perra lo dejaba tranquilo. Y sí, Ventisca decidió volver con José.

—¡No te alejes mucho, Helios! —le dijo el padre de Luz.

Helios no lo oyó y, lejos y bien tranquilo, se tumbó a solas y se relajó mirando al cielo abarrotado de estrellas titilantes. Poco a poco, se le cerraron los ojos... y se quedó dormido...

Ahora José había sacado un láser y señalaba las estrellas explicando las historias imaginarias de las constelaciones. Hablaba de aventuras de arqueros, de mujeres convertidas en osas, de pastores de bueyes, de chicas listas que tenían ideas brillantes para no perderse por los laberintos... Al cabo de un rato, se encendió la luz de un faro cercano. El resplandor impedía que se vieran bien las estrellas. José sugirió andar un poco más allá, hasta detrás de una colina, donde la luz no los estorbaría. Todo el grupo se levantó y se puso en marcha.

Detrás de la colina, tendieron de nuevo las esterillas para tumbarse de cara al cielo, y entonces fue cuando Ventisca empezó a aullar. Luz miró a su alrededor y se dio cuenta de que... ¡se habían olvidado de Helios!

Enseguida avisó a sus padres:

—¡Helios no está!

Todo el grupo empezó a buscarlo y a llamarlo:

¡HELIOOOOOOOS!
¿DÓNDE ESTÁÁÁS?

Pero no se oía ninguna respuesta. Únicamente los grillos llenaban de sonido la silenciosa noche.

¡HELIOOOOOOOOOOOOOOOOOOS!

Luz gritaba más que nadie y corría arriba y abajo con la esperanza de encontrarlo.

Pero ni rastro de Helios...

Fueron hacia la explanada en la que habían estado antes de que se encendiera el faro y tuvieran que cambiar de sitio. Buscaron por el lugar donde Helios se había apartado del grupo para tumbarse a solas. Tampoco estaba ahí. Ni rastro.

Todo el mundo estaba muy preocupado. Los padres se pusieron muy nerviosos y pensaron en llamar a los bomberos para que ayudaran en la búsqueda. Entretanto, José les indicaba cómo podían organizarse para buscar de forma efectiva por aquella zona tan oscura.

Y Luz pensó:

HE AQUÍ UN PROBLEMA. Y UN PROBLEMA, AUNQUE PUEDA INCORDIAR, ES UNA OPORTUNIDAD PARA PENSAR.

Se quitó las sandalias, se quitó los calcetines. Se fue a buscar a Ventisca. Le puso los calcetines enfrente de la nariz.

—¡Huele, Ventisca!

Los calcetines de Helios apestaban, porque a su amigo le sudaban mucho los pies. La perra los olió.

—¡Busca!

Ventisca entendió lo que quería Luz. Reconocía el olor: ¡se había pasado la noche olisqueando a Helios! Enseguida se puso a oler de un lado para otro, buscando por todas partes. Mientras, la gente del grupo se había dispersado buscando y gritando «¡Helios, Helios!» por el terreno de los alrededores.

De repente, se oyó de lejos:

¡GUAU, GUAU, GUAU!

Ventisca ladraba con insistencia, como si los llamara. Todo el mundo se acercó corriendo.

Luz fue la primera en llegar y vio a Helios y a Ventisca, que le lamía la cara entera. Helios abrazaba a la perra, se dejaba lamer y la acariciaba. Ya no le tenía ningún miedo: ahora le estaba muy agradecido.

Helios explicó que, al despertarse, se había visto solo sin el grupo y que, buscándolos, había andado en dirección contraria y se había alejado todavía más. Si Ventisca no lo hubiera encontrado, quizás se habrían pasado la noche entera buscándolo...

La noche de estrellas terminó con una alegría y con dos nuevos amigos: Helios y Ventisca, que ya no se separaron en todo el camino.

Y José les explicó que hay una constelación, en el cielo, llamada Canis Maior, es decir, Perro Grande, y que contiene a Sirius, la estrella más brillante del cielo nocturno.

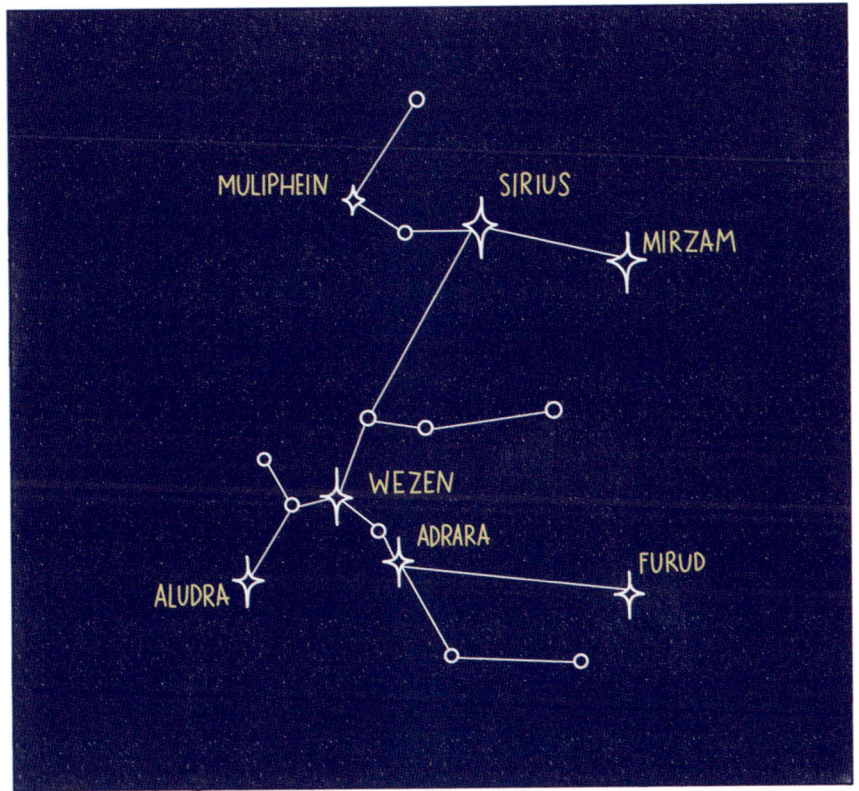